DIESE
BUCKET LIST
GEHÖRT

BUCKET LIST FÜR DEN
BRÄUTIGAM

99 Dinge, die der zukünftige Ehemann

unbedingt vor der Hochzeit erlebt haben muss.

Green Wedding Pirates

INHALTSVERZEICHNIS

EINLEITUNG & VORWORT

Möchtest auch Du bald in den Hafen der Ehe einziehen? Was solltest Du bedenken, bevor und während Du Deine Liebste vor den Altar führst? Was bedeutet es überhaupt, sich endgültig Ja zu sagen - speziell für Dich als Ehemann? Ergänzend zu den restlichen Ratgebern von den Green-Wedding-Pirates findest Du in dieser praktischen Bucket-List ganze 99 Ideen im Überblick.

Das Buch ist für alle zukünftigen Ehemänner geschrieben. Es eignet sich auch perfekt als Nachschlagewerk für Herren in jedem Alter. Schließlich vergessen wir Menschen während dem Ehe-Alltag oft all unsere Vorsätze, die der Liebe doch so guttun würden!

Ich plaudere jetzt ein klein wenig aus dem Nähkästchen für Dich...

Matthias sagt am 1. Hochzeitstag zu seiner Frau Monika: „Du bist das größte Geschenk in meinem Leben. Seit ich mit Dir verheiratet bin, weiß ich Deine Liebe und Nähe mehr denn je zu schätzen. Lass uns darauf achten, dass wir auch jetzt, wo Du schwanger bist, immer genügend Zeit für uns und die Zweisamkeit finden."

Aus dieser Geschichte heraus ist diese Bucket-List entstanden. Sie dient Dir als Werk, das bei der Hochzeit nichts, was wichtig ist, vergessen wird. Auch während dem gesamten Eheleben sollst Du Dich von der Bucket-List beflügeln lassen. Achte darauf, dass bei Dir und Deiner Liebsten nicht die „Luft schnell raus ist."

Bereichert Euren Ehealltag immer wieder aufs Neue. Das meiste davon habt Ihr selbst in Eurer Hand. Dieses Buch ist perfekt als Geschenkidee zur Hochzeit von Freunden, Verwandten oder Trauzeugen für den baldigen Ehemann geeignet.

Es zeigt Dir viele Tricks und Tipps, die Du live ausprobieren kannst – und das fast an jedem Tag in Deiner Ehe. Wie alle Bücher der Serie von den Green-Wedding-Pirates ist es nach dem Motto „aus der Praxis für die Praxis" für Dich geschrieben. Es dient nicht nur der Zufriedenheit von Mann und Frau in der Beziehung, sondern zeigt auch, dass Du aufmerksam und kreativ bist. Wusstest Du, dass es die meisten

Frauen mehr als zu schätzen wissen, wenn ihr Mann aktiv und stark ist und eine gehörige Portion an Humor besitzt?

Wer im Alltag viel lacht, ist immer auf der sicheren Seite! Jeder Tag ohne Lachen ist vergeudet. Gerade im Stress und in der Hektik unserer oft schnelllebigen Zeit kannst auch Du mit Deinem Schatz lernen, im Hier und Jetzt zu leben. Genießt zusammen jeden kostbaren Moment im Leben – denn morgen schon könnte unser Dasein vorbei sein. Lacht beide um die Wette und genießt besondere Gesten und Zärtlichkeiten, die das Eheleben beflügeln.

Was ist das Wichtigste, wenn Du Dir diese Bucket-List näher ansiehst?

Komme ins Tun. Nur dann, wenn Du die Ideen aktiv in Deinen Alltag integrierst, dann wirst Du Deiner Beziehung einen ganz neuen Glanz schenken. Überrasche Deine Frau! Überrasche Dich selbst. Sage Dir in ein paar Monaten Sätze wie „Gut, dass ich der Komfortzone entflohen bin und einmal super-spontan war" , „Meine Liebste hat schallend gelacht und an diesen Moment werden wir uns noch lange zurückerinnern" oder „Diesen gemeinsamen Ausflug werden wir niemals vergessen!"

Zeige, dass Du ein Mann mit Format bist. Trage Deine Liebste auf Händen, denn: Es wird in vielfacher Form zu Dir zurückkehren. Viel Freude mit dieser Bucket List für den Bräutigam und zukünftigen Ehemann!

Probiere die 99 Ideen schon vor dem großen Termin auf dem Standesamt nach Herzenslust aus!

„Wenn einem Treue Spaß macht, dann ist es Liebe."

- Zitat von Julie Andrews –

1

DIY (do it yourself) in Kombination mit der Hochzeit ist mehr als angesagt

1. Backe Deiner Liebsten einen Kuchen, den Ihr Euch gemeinsam bei einem Picknick gönnt. Wer weiß – vielleicht sind hier auch die besten Ideen für die Hochzeit mit dabei? Das inspiriert, die Hochzeitstorte richtig in Auftrag zu geben!

2. Wann hast Du zuletzt in trauter Zweisamkeit mit Deiner Liebsten gebastelt? Wer sich an Bastelarbeiten von Brautsträußchen und Co beteiligt, leistet einen wertvollen Beitrag dafür, dass das Fest perfekt gelingt. Wetten, auch Deine Verlobte wird von Dir begeistert sein, wenn Du hierbei die Initiative ergreifst?

   Tipp: Bei gemeinsamen Bastel-Abende könnt Ihr herrlich erfrischende Gespräche führen.

3. Wie sieht es in Sachen Geschenke für die Gäste aus? Egal, ob Du die Gäste Fotos mit der Polaroid-Kamera schießen lassen oder jedem Hochzeitsgast eine Süßigkeit überreichen möchtest: Es lohnt sich, wenn Du schon vor den Feierlichkeiten recherchierst und zeigst, wie

vielseitig Du bist. Denke daran, dass Deine Hochzeit niemals langweilig werden darf.

4. Weißt Du schon, was Du Deiner zukünftigen Ehefrau zur Heirat schenken möchtest? Heut zu Tage ist ein handgeschriebener Brief oft mehr wert als ein teures Geschenk, das sich fast jeder kaufen kann. Zeige Dich auch hier von Deiner liebevollen Seite. Ein Brief hat heut zu Tage einen ganz anderen Stellenwert als jede E-Mail. Ein Brief ist unvergänglich und etwas ganz Besonderes!

5. Bereite einen Liebes-Cocktail für Dich und Deine Liebste zu und überrasche sie damit. Genießt den Drink in der Badewanne, in der freien Natur oder wo immer es Euch Spaß macht. Dabei könnt Ihr liebevoll über Eure Hochzeits-Pläne sprechen.

6. Tanzt um die Wette – und das schon vor der Hochzeit! Nicht jedes Brautpaar muss einen Tanzkurs belegen, um vor dem großen Fest das Tanzbein zu schwingen und jede Menge Spaß dabei zu haben.

Tipp: Bleibt fit vor der Hochzeit und zeigt, dass Ihr das äußere Erscheinungsbild keinem Zufall überlassen möchtet. Wer gemeinsam schon vor der Ehe sportelt, ist ausgeglichen und glücklich.

7. Frage Deine Liebste, wie Du sie vor den Feierlichkeiten unterstützen kannst. Ist genug Geschirr für den Polterabend vorhanden und welche Musik-Überraschung eines DJ's kann für beste Stimmung sorgen? Wichtig ist, vor der Heirat alle Aufgaben, die zu tun sind, strukturiert aufzuteilen.

8. Ein Gästebuch ist heute zu Tage üblich. Auch hierbei darfst Du selbst basteln, damit das Buch sich von dem der anderen deutlich abhebt. Tipp: Graspapier ist umweltfreundlich und liegt

voll und ganz im Trend der Zeit. Viele wichtige Tipps dazu findest Du im Internet. Es gibt mittlerweile auch schöne Bücher aus umweltgerechten Papier, das noch dazu herrlich nach Natur pur duftet.

9. Wähle das passende Hochzeits-Menü mit Deiner Liebsten aus. Als Liebesbeweis kannst Du einen Gang daraus selbst zu Hause kochen. Gönnt Euch ein Candle-Light-Dinner und feiert Eure Zweisamkeit.

Tipp: Es geht beim Kochen nicht immer darum, dass alles perfekt gelingt. Der gute Wille und Dein Einsatz alleine sind schon ein tiefes Zeichen Deiner Liebe.

10. Spreche mit Eltern, Geschwister, Freunden und allen, die Euch nahe stehen, welche Aufgaben sie in Sachen Heirat übernehmen möchten und können. Das minimiert den Stress für das

Hochzeitspaar und hilft, eine gute Struktur zu bewahren.

Tipp: Die meisten Menschen helfen gerne! Gerade bei einem einzigartigen Erlebnis wie eine Hochzeit sind Familienmitglieder oft kreativer als Du denkst.

THIS OR THAT

ALL ABOUT YOU

KINO	NETFLIX
POPCORN	NACHOS
UNO	ACTIVITY
SCHOKO	CHIPS
KÄSE	OLIVEN
ROTWEIN	WEISSWEIN
COLA	SPRITE
FILM	SERIE

2

Pre-Wedding-Überraschungen, die es in sich haben

11. Luftballons mit besten Wünschen für die Ehe steigen lassen? Das ist ein traditioneller Brauch, den auch Ihr in Eure Hochzeitsfeier sicher gut integrieren könnt. Sehe Dich rund um dieses Thema rechtzeitig nach allen Utensilien um, die Du für das „bunte Steigen in die Lüfte" benötigst.

12. Seifenblasen oder Spalier-Stehen vor dem Standesamt? Oft lieben Vereine oder Freunde, vor der Gemeinde oder dem Rathaus Spalier zu stehen. Diese und ähnliche Aufgaben übernehmen aber Gäste und Angehörige meist nur dann, wenn Du sie darum bittest.

Tipp: Gute Organisation ist das halbe Leben. So kannst Du beruhigt das Hochzeitsfest genießen.

13. Kennst Du Dich mit individuell gestalteten Sekt- und Champagnerflaschen aus? Personalisierte Flaschen auf der Hochzeitsfeier zeigen, dass das Paar Stil und Niveau besitzt.

Tipp: Je nach Budget eignet sich eine Flasche mit einem Foto und guten Wünschen vom Hochzeitspaar auch als Gastgeschenk.

14. Überrasche Deine Liebste, indem Du eine Rede hältst, die sie Dir nicht zugetraut hätte. Baue hierbei alles ein, was Deine Frau gerne hört. Dazu gehört es auch, an Freunde und Familie zu denken.

Tipp: Übe die Rede ein paarmal vor dem Spiegel. Sie muss nicht lange, aber aussagekräftig und ggf. witzig sein. Sorge dafür, dass Du immer authentisch bleibst.

15. Kleine Sketche lockern jeder Feier auf. Organisiere einen Überraschungsabend mit den Freundinnen der Braut, mit der sie nicht gerechnet hätte. Zum Beispiel könnte jede

Freundin der zukünftigen Ehefrau ihr wöchentlich eine Sonnenblume schenken.

Tipp: Bräute lieben es, wenn zum Beispiel Grußkarten von Freunden aus dem Ausland mit der Post ankommen, weil Du Dich darum gekümmert hast.

16. Wie sieht es in Sachen Feuerwerk oder Lasershow am Festtag aus?

Tipp: Bei Low Budget erfüllen Wunderkerzen zwar nicht den gleichen Effekt, doch sorgen für stimmungsvolle Momente, die Gänsehaut verursachen.

17. Den Brautstrauß darf natürlich kein Bräutigam vergessen. Verstecke Deiner Liebsten hierin, wenn es passt, eine kleine, besondere Liebesbotschaft. Diese soll sie auf Dein Zuraten vor dem Werfen des Straußes entnehmen. Bitte

stimme Dich auch bei der Wahl des Straußes mit den Wünschen Deiner Frau ab. Hier darf es niemals zu Überraschungen kommen.

18. Eine Hochzeitskerze kann heute in jedem professionellen Shop bestellt werden. Sie ist ein Zeichen der Liebe, das immer entflammen kann – auch nach vielen Jahren der Ehe.

19. Wie werden die kleinen Gäste die Hochzeitsfeier erleben? Sorge für lustige Kinder-Überraschungen mit Süßigkeiten, Spiel-Ecke und Entertainment, das allen Gästen in unvergesslicher Erinnerung bleibt.

Tipp: Weitere Pre-Wedding-Ideen findest Du im Bookstore von den Green-Wedding-Pirates, zum Beispiel „Plötzlich Trauzeugin" und Co.

20. Weißt Du, dass Stoffservietten mit dem Foto des Brautpaars (sehr einfach zum Aufbügeln) in

unvergesslicher Erinnerung bleiben? Zeige auch Du, dass Du Faible für das gewisse Etwas hast. Diese Idee ist einfach und sehr wirkungsvoll.

Tipp: Sucht Euch ein Foto aus, das sich auf Stoff gebügelt sehr gut macht!

3

Genieße Humor und lache mit Deinem Schatz um die Wette

21. Lachen ist das A und O in jeder Beziehung. Ohne Lachen kein Leben! Lacht gemeinsam bis Ihr weint!

Tipp: Bringe Deine Liebste mindestens einmal am Tag zum Lachen. Wer lacht, wird siegen.

22. Kennst Du das Schokoladen-Essen mit Handschuhen, Schal und Mütze? So funktioniert's: Du brauchst dazu einen Würfel, Schal, Mütze, Handschuhe, Messer und Gabel, eine in Zeitungspapier eingewickelte Tafel Schokolade und vor allem: jede Menge an gute Laune! Jetzt würfelt Ihr, bis der erste eine 6 wirft. Diese Person darf sich im Anschluss eilig Mütze, Handschuhe und Schal anziehen und mit dem Besteck ein Stück Schokolade abschneiden und essen. Dies geht so lange, bis der Partner eine 6 würfelt und die Rollen getauscht werden.

Tipp: Dieses Spiel lockert auch jede Party oder den Familienabend auf. In diesem Falle wird einfach reihum gewürfelt.

23. Führe Deine Liebste mit verbundenen Augen aus am besten in den eigenen Garten oder auf den Balkon bzw. in einen einsamen Park. Danach seht Ihr Euch eine Videobotschaft (von Dir selbst aufgenommen) an, die Euch beide zum Lachen bringt!

Tipp: Gemeinsame, schöne Erlebnisse in der Natur verbinden auf besondere Art und Weise.

24. Erzählt Euch als Ritual mindestens einmal pro Woche gegenseitig einen Witz. Wer besonders kreativ ist, erfindet Jokes einfach selbst nach Lust und Laune.

25. Lese Deiner Liebsten lustige Sprüche aus der Zeitung vor und behalte Deinen Humor (auch während der Ehe!) niemals für Dich.

Tipp: Manchmal ist das Leben ernster als wir es uns wünschen. Gerade dann zählt das Motto: „Lache, wenn's nicht zum Weinen reicht."

26. Eine Kissenschlacht bereichert jeden Alltag. Kitzelt Euch danach, bis der Bauch vor Lachen schmerzt! Eine Kissenschlacht darf (auch während der Ehe) immer wieder das Leben auf ganz besondere Weise beflügeln. Erlaubt ist, was Euch gefällt und was so richtig „die Fetzen im positiven Sinne fliegen lässt!"

27. Habt Ihr gemeinsam schon eine wilde Schaumparty besucht? Hier wird geplanscht, mit Schaum umher geworfen und jede Menge gelacht. Mindestens einmal, bevor Ihr zum Traualtar schreitet, solltet Ihr eine Schaumparty besucht haben.

Tipp: Natürlich könnt Ihr auch im eigenen Bad eine Schaumparty ganz nach Euren Vorlieben feiern. Wenn Du im Anschluss Deiner Liebsten beim Saubermachen hilfst, wirst Du sicher sehr viele Punkte sammeln.

28. Male Deiner Liebsten ein Bild, das nur den Kopf einer Person zeigt und knicke das Pic am Hals um. Deine Ehefrau darf dann den Körper mit den Armen malen. Erneut wird der Zettel beim Übergang zu den Beinen nach hinten gefaltet. Der andere Partner fügt dann die Beine zum ganz besonders gezeichneten Menschen hinzu, den es sonst nirgends auf der Welt zu finden gibt. Wichtig ist bei diesem kleinen Spiel: Lacht um die Wette bei diesem Überraschungs-Bild, das im Anschluss noch mit Accessoires veredelt werden darf.

29. Schleicht Euch nach dem Abspann des Filmes im Kino einfach in einen anderen Film. Zugegeben: Das erfordert etwas Mut! Doch sind kleine Mutproben vor dem Einzug in den Hafen der Ehe nicht mehr als willkommen?

Tipp: Dem ermahnenden Kontrolleur sagt Ihr einfach mit einem süffisanten Lächeln: „Das wollten wir einmal im Leben als kleine Mutprobe vor der Ehe machen!" Hier wird der

Kino-Angestellte sicher Nachsicht gewähren lassen...

30. Füttert Euch blind (mit einer Augenbinde) mit Kuchen, Eiscreme und Sahne! Haltet im Anschluss die Ergebnisse unbedingt mit einer guten Kamera fest. Wer möchte, kann sich bei dieser lustigen Aktion auch von den Trauzeugen filmen lassen...Wer weiß – vielleicht wird das Video auch auf der Hochzeitsfeier gezeigt?

4

Organisiere Reisen und Events, die in unvergesslicher Erinnerung bleiben

31. Reisen und gemeinsame Erlebnisse schweißen jedes Paar zusammen. Vor allem dann, wenn Ihr dabei für die eigene Hochzeit wertvolle Erkenntnisse zieht, ist in jeglicher Hinsicht viel erreicht. Besucht eine Hochzeit in der Kirche von Leuten in einer Stadt im Ausland, auf die Ihr schon lange neugierig seid. Lasst Euch einfach von Musik, Stimmung, Pfarrer, Chor und Co auf der Fest inspirieren.

32. Plant einen Trip am Wochenende an einen idyllischen Ort, den Ihr beide nicht kennt. Spricht dabei über die Gründe, warum Ihr Euren Schatz liebt. Genießt die Zweisamkeit und zeigt Euch nicht nur bei liebevollen Umarmungen, dass Ihr das „WIR" sehr ernst nehmt.

33. Wann habt Ihr zuletzt ein Rockkonzert besucht? Habt jede Menge Freude an coolen Beats, die Euch begeistern. Auch die Party in der Nachbarstadt von einem neuen DJ kann Dir als Ehemann dabei helfen, den passenden Profi für

den Polterabend oder die Hochzeitsfeier zu finden.

Tipp: Denke daran, dass gute DJ's und Solo-Künstler viele Monate im Voraus ausgebucht sind. Je eher Du aktiv wirst, desto besser!

34. Führe Deine Liebste zum Eisessen aus und sagte dem Besitzer des Cafés im Vorfeld: „Überraschen Sie uns mit einem besonderen Liebes-Becher im Sinn einer erfüllten, liebevollen Ehe." Wetten, an diesen Event werdet Ihr Euch noch viele Jahre später mit einem Lächeln im Gesicht zurückerinnern?

Tipp: Geht im Laufe der Ehe mindestens einmal in diese Eisdiele, um in schönsten Erinnerungen zu schwelgen.

35. Besucht eine Hochzeit von Freunden, Kollegen oder Bekannten und lasst es auf der Feier so richtig krachen. Jetzt ist der passende Zeitpunkt, um gut zu essen und sich einen kleinen Schwips anzutrinken.

36. Spreche mit Deiner Liebsten über die Wünsche in Sachen Brautstrauß und Blumenschmuck. Dabei darfst Du sie gerne ein paar Floristen vorstellen, die einen sehr guten Ruf genießen.

Tipp: Blumen sprechen die Sprache der Liebe!

37. Geht für das Hochzeits-Menü zum Probeessen. Dieser Ratschlag hat sich, egal, ob Polterabend, kirchliche Hochzeit oder standesamtliche Trauung, mehr als bewährt.

38. Unternehmt eine Bergtour und seid stolz auf Euch, wenn Ihr den Gipfel erklommen habt. Am Gipfelkreuz angekommen dürft Ihr, falls erlaubt, Eure Initialen darin als Zeichen der Liebe einritzen.

Tipp: Für dieses alt bekannte Ritual ist auch ein Baum, den ihr während der Wanderung findet, gut geeignet. Am 1. Hochzeitstag zum Beispiel lohnt es sich, erneut auf Wandertour zu gehen und nach den „alten Künsten" Ausschau zu halten.

39. Wer in der Natur wunderschöne Stunden der Liebe feiert, kann hervorragend kreative Gedanken rund um die Heirat austauschen. Bei einem Waldspaziergang fallen Euch sicher gute Ideen in Sachen Einladung, Polterabend und Co ein.

40. Befüllt regelmäßig die Hochzeits-Checkliste und trefft Euch dazu in einem besonderen Lieblings-Café. Im großen Handbuch für die Ehe oder im Brautgeflüster von den Green-Wedding-Pirates findest Du einige Tipps, damit nichts Wichtiges rund um die Feier in Vergessenheit gerät. Eine To-Do-Liste, die an schönen Orten ausgefüllt wird, sorgt für inspirierende Gedanken mit Pfiff!

5

Liebe geht durch den Magen

41. Besuche mit Deiner Braut eine Weinprobe, damit Ihr Euch für den ganz großen, besonderen Tag ein edles Tröpfchen aussuchen könnt. Nehmt Euch genügend Zeit für die Auswahl aller Getränke, die Ihr auf Euren Feierlichkeiten anbieten möchtet.

Tipp: Achtet bitte auch auf eine große Auswahl an Softgetränken und Trinkwasser. Die meisten Gäste möchten gut und sicher nach Hause kommen und nicht als „Alkoholleiche" enden. Spirituosen und andere, harte Drinks hingegen sollten nicht auf Eurer Rechnung stehen, die Ihr begleichen werdet. Hier ist die Gefahr viel zu groß, dass das Fest aus den Fugen gerät.

42. Wählt die Hochzeitstorte mit Bedacht und Liebe aus. Hier können traditionelle Vorschläge vom Konditor dafür sorgen, dass die Torte ein paar Tage haltbar und mit reichlich Obst befüllt ist. Die meisten Gäste schätzen es sehr, wenn nicht nur sehr sättigenden Creme-Torten gereicht werden.

43. Was ist in Sachen Menü genau zu beachten? Bedenkt, dass es immer mehr Veganer und Vegetarier unter den Hochzeitsgästen zu finden gibt. Es muss bei Vorspeise, Hauptgang und Dessert also für jeden Geschmack das richtige mit dabei ein.

Tipp: Buffets eignen sich oft, wenn die Gesellschaft sehr groß ist. Allerdings kann dies zu langen Warteschlangen führen. Ältere Herrschaften möchten zudem meistens gerne bedient werden. Es eignet sich beim Menü oft eine Kombination aus Buffet und serviertes Dinner.

Stelle Dich immer auf die Vorlieben der Hochzeitsgäste ein. An ein gutes Essen werden sie sich alle Beteiligten noch lange zurückerinnern.

44. Möchtest Du eine Eis-Bar anbieten? Kinder lieben es, wenn Sie outdoor auf einer Hochzeit

gut unterhalten werden. Dafür ist die Eisbar perfekt geeignet.

Tipp: Spreche mit der Lokalität, in der das Fest gefeiert wird, über Kontakte oder welche Optionen die Räumlichkeiten für eine Eisbar bieten.

45. Was ist um Mitternacht an kulinarischer Köstlichkeit geplant? Egal, ob die Hochzeitstorte erst dann serviert wird oder es Zeit für ein Käsebuffet bzw. eine heiße Suppe ist: Denke daran: Gourmet-Freuden der Besonderheit bleiben allen Gästen noch lange in unvergesslicher Erinnerung.

46. Wer von Freunden und Bekannten könnte einen Kuchen für das große Buffet backen? Auch hier ist DIY mehr als angesagt. Helfe Deiner Frau

damit, alles rund um die Kuchen zu organisieren. Die meisten Frauen schätzen es sehr, wenn der Ehemann mitdenkt und ihnen tatkräftig unter die Arme greift.

Tipp: Oft übernehmen genau diese Aufgaben die Trauzeugen, damit bei kulinarischen Genüssen Struktur bewahrt wird.

47. Überlege, dass nach dem großen Essen für Abwechslung gesorgt werden muss, damit das „Suppenkoma" nicht für träge Stimmung sorgt. Zudem sollte zwischen allen Gängen eine ausreichende Pause stattfinden. In dieser wird getanzt, gelacht und gefeiert – und zwar so, wie es sich für ein berauschendes Fest gehört!

48. Bei aller Vorfreude auf das feine Essen: Achte vor dem Gang zum Altar darauf, die Linie zu behalten. Nicht selten hat ein Hochzeitsanzug, der 7 – 10 Monate vor der Feierlichkeit gekauft

wurde, am Tag vom großen Ja nicht mehr gepasst. Sorge also dafür, dass nichts aus den Fugen gerät. Vernachlässige auch mit Deinem Schatz die regelmäßige Fitness nicht.

49. Überrasche Deine Liebste, indem Du ein besonders feines Essen für Sie kochst. Hierbei kannst Du ihr nochmals Deine Liebe beteuern und Ihr dürft herausfinden, was Euch persönlich im Ehealltag besonders wichtig ist.

Tipp: Gute Kommunikation vor und während der Ehe ist die Eintrittskarte auf ein langes Eheglück, das erst zum Tod enden soll.

50. Hier ein Ratespiel für Verliebte, das zeigt, dass Ihr in guten und in schlechten Zeiten zusammenhaltet: Füttere Deine Ehefrau mit verbundenen Augen und lass sie erraten, was genau sie gerade isst.

Was schmeckt ihr besonders gut oder weniger lecker? Dieses einfache, kulinarische Spiel lässt sich leicht in jeden Alltag integrieren. Es hilft Dir, Deine Partnerin noch besser kennenzulernen. Tipp: Probiere dieses Spiel mit aphrodisierenden (weckt sexuelle Sinne...) Köstlichkeiten wie Schokolade oder Erdbeeren aus. Das steigert die Lust...

6

Ein kleines bisschen Wellness gefragt?

51. Die Seele so richtig baumeln lassen – das sollte jedes Ehepaar so oft wie möglich vor der Hochzeit. Besucht eine Sauna, ein Wellness-Paradies oder gönnt Euch einen Besuch in einem Erlebnisbad, das Euch noch viele Jahre lang im Gedächtnis bleiben wird.

52. Wann habt Ihr Euch zum letzten Mal gegenseitig mit einer Massage verwöhnt? Nähe und Zärtlichkeit sind so wichtig wie Körperwärme des liebsten Menschen, den wir um uns haben. Vor allem in den hektischen Zeiten rund um die Heirat dürft Ihr zärtliche Gesten, die Körperwärme des Partners und Innigkeit nicht vergessen.

Tipp: Auch eine Tantra-Massage kann die Sinne ganz besonders stark inspirieren.... Das macht Lust auf mehr.

53. Low Budget und dennoch Lust auf ein „feeling good" bei besonderen Momenten im Sinne von Wellness? Zu Hause ein Schaumbad einlaufen zu lassen ist oft stimmungsvoller als viel Geld zu investieren. Gönnt Euch ein Glas Sekt während einem entspannenden Bad und sagt Euch, warum Ihr Euch liebt!

54. Selbstgemachte Peelings oder Masken aus Gurke, Salz, Natron oder Joghurt sind mehr als ein „Hype der Zeit, der bald wieder verfliegen wird". Gönnt Euch eine Pflege-Session der besonderen Art. Das ist nachhaltig und sorgt für klare, rosige Haut, was sicher für einen selbstbewussten Auftritt im Alltag sorgt.

55. Wann zuletzt habt Ihr Euch beim Styling von lustigen Frisuren den Bauch gehalten, weil Ihr herzhaft lachen musstet? Neben der Probe-Frisur von Bräutigam und Braut kann ein „Umstyling" mit witzigen Grimassen vor dem Spiegel für jede Menge Fun sorgen.

Tipp: Auch das Planen der „richtigen" Hochzeitsfrisur darfst Du, neben dem Kauf von Anzug mit Accessoires, natürlich nicht vergessen.

56. Frage Deine Frau, ob sie Dich einmal besonders schön machen möchte. Moderne Männer lassen sich die Augenbrauen zupfen und achten auf einen gepflegten Auftritt durch und durch. Haare dürfen nicht aus Nasen und Ohren wachsen.

Tipp: Frage Deine Liebste, wie sie Dich dabei unterstützen kann, damit Du besonders schön für sie bist. Auch ein Gang zur Kosmetikerin ist längst bei vielen Männern mehr als angesagt.

57. Was wäre nur das Leben ohne sanfte Mani- oder Pediküre? Auch dabei solltet Ihr das Schicksal keinem Zufall überlassen. Gepflegte Hände und Füße gehören längst zu einem perfekten Auftritt mit dazu. Hier könnt Ihr den Rat des Experten einholen oder Euch gegenseitig eine

entspannende Fußmassage gönnen. Das schafft Nähe und Vertrautheit.

58. Duscht Euch mit Wechselduschen gegenseitig in der Duschkabine ab. Das macht Spaß, sorgt für eine gute Durchblutung und stimuliert den Kreislauf. Wechselduschen am Morgen bringen jeden Menschen auf gute, wache Gedanken und helfen dabei, schnell munter zu werden.

Tipp: Nur am Anfang kostet die kalte Dusche etwas Überwindung...Lacht beim Duschen – das ist das wichtigste Gut!

59. Kuschelt Euch gemeinsam unter die Decke und gönnt Euch innige Zärtlichkeiten. Die Hormone kommen beim Kuscheln besonders auf Hochtouren. Genießt jeden vertrauten Moment und zeigt, warum Ihr bald vor den Traualtar schreitet...Auch während des Ehelebens darf das Kuscheln niemals vernachlässigt werden.

60. Kein gutes feeling ohne ein gegenseitiges Peeling! Ein Körperpeeling unter der Dusche oder nach einem gemeinsamen Schaumbad wird die Sinne anregen. Zudem sorgt ihr dabei für ein straffes, jugendliches Hautbild. Das ist sicher nicht nur unmittelbar vor der Hochzeit ein Gewinn für Jung und Alt.

7

Schönheit kommt eben nicht nur von Innen...

61. Schönheit heißt nicht nur, von innen heraus zu strahlen. Jeder Mann sieht seine Frau sicher als schönste Braut des Universums an. Doch auch Du musst mit der Wahl des Hochzeitsanzuges alle Register ziehen, damit Du ein würdiger Ehemann neben der Braut bist.

Tipp: Nimm eine Bekannte oder einen guten Freund mit, der in die Wünsche der Braut in Sachen Outfit mit eingeweiht ist. So wird Dein Anzug perfekt zum Brautkleid passen.

62. Accessoires wie Schuhe, Krawatte, Hemd und Manschettenknöpfe, Einstecktuch und Co veredeln den perfekten Look. Bei der Hochzeit musst Du hierbei auf Nummer sicher gehen. Nehme Dir genügend Zeit dafür, Dein Outfit für den schönsten Tag in Deinem Leben auszusuchen.

Tipp: Je nach Typ solltest Du gut und gerne 2 – 8 Wochen dafür investieren, bis Du für den perfekten Auftritt alles, was wichtig ist, gefunden hast.

63. Bitte laufe die Hochzeitsschuhe vor dem großen Ehrentag gut ein. Nur so kannst Du Blasen vermeiden, unbeschwert tanzen und Deine Hochzeitsfeier in vollen Zügen genießen. Denke daran, dass es sich mit schmerzenden Füßen nicht gut feiern lässt.

Tipp: Für alle Fälle lohnt es sich, ein Paar Ersatzschuhe am großen Tag ins Auto zu legen oder den Trauzeugen zu überlassen. Ein neutrales, schwarzes Paar Schuhe kann jeder Mann auch in der Zukunft immer wieder gebrauchen!

64. Was gehört sonst noch in Sachen Schönheit dazu? Schönheit strahlt von innen, wenn Du Dich so richtig in Deinem Körper wohlfühlst. Das gilt vor und während der Ehe. Halte Dich also immer mit dem richtigen Sportprogramm fit. So wirst Du Dich wohlfühlen und auch in Sachen Kondition auf der Hochzeit zeigen, was Du drauf hast.

65. Stimme bitte die Passform Deines Looks kurz vor den Feierlichkeiten nochmals im Detail ab. Kleine Änderungen kannst Du von einem Profi vornehmen lassen. Egal, ob die Ärmel gekürzt oder die Hose am Bund enger gemacht werden soll: Ein Hochzeitsanzug muss ca. 2 – 4 Wochen vor dem Fest mit allem, was dazugehört, nochmals perfekt angepasst und verfeinert werden.

66. Welchen Haarschnitt möchtest Du tragen? Ist der Gang zum Barbier nötig, damit Du mit dem perfekten Bart überzeugst? Bei Deiner äußeren Erscheinung musst Du wirklich an alles denken, damit Du Dich im perfekten Licht präsentierst.

Tipp: Lasse Dich, wenn Du unsicher bist, von einer Bekannten oder guten Freund bei diesem Thema beraten. Hier ist guter Rat nicht teuer, sondern reines Gold wert.

67. Manchmal sind wir gestresst vor der Heirat. Schlechte Haut, ein verstimmter Magen oder

Augenringe sind unbedingt zu vermeiden. Aus diesem Grunde lohnt es sich, für ausreichende Entspannung zu sorgen. Egal, ob Yoga, ein heißes Bad oder Mediationen: Ruhe und Gelassenheit zu tanken ist längst nicht nur etwas für Frauen!

68. Damit Du auf Deinem Fest so richtig überzeugen kannst, ist ein schöner Abend (außerhalb des Junggesellen-Abschieds) mit Deinen besten Kumpels angesagt. Hier kannst Du über alles sprechen, was Du auf dem Herzen hast.

Tipp: Manchmal ist eine inspirierende, kleine Kneipentour vor einschneidenden Ereignissen im Leben genau das Richtige!

69. Bei allem, was Dich selbst rund um Deine Schönheit beschäftigt: Sage Deiner Braut, was Du an Ihr schön findest und wie sie Dir am besten gefällt. Wetten, sie wird sich in Sachen Dessous, Strumpfband und Co so richtig für Dich ins Zeug legen, damit sie für Dich die schönste Frau der Welt ist und dies auch bleiben wird?

70. Auch nach der Hochzeit lohnt es sich den eleganten Hochzeitsanzug immer wieder einmal auszuführen. Manchmal reichen schon Veränderungen bei Hemd und Krawatte, damit der Anzug zu schönen Anlässen immer wieder mit Würde ausgeführt werden kann.

8

Let´s talk about sex .... oder ist Sex nicht alles im Leben?

this or that

VIBRATOR	DILDO
MASSAGEÖL	MASSAGEKERZE
ROLLENSPIEL	KOSTÜM
AMORELIE	ORION
DUSCHE	KÜCHE
AUTO	FREILUFT
DOGGYSTYLE	BLOWJOB
QUICKIE	VORSPIEL

71. Warum muss immer nur die Dame sexy Dessous tragen? Verführe auch Du Deine Liebste mit Unterwäsche, bei der sie niemals widerstehen kann...Sexappeal auszustrahlen ist für beide Geschlechter wichtig.

Tipp: Frage Deine Liebste, was ihr gefällt und worin sie Dich besonders sexy und schön findet!

72. Wann zuletzt habt Ihr Outdoor eine wilde Zeit verbracht? Egal, ob auf dem Hochstand im Wald, im See mitten in der Nacht oder am Ufer eines herrlichen Strandes: Outdoor-Sex sollte jedes Paar mindestens einmal im Jahr genießen – und das egal, ob Jung oder Alt. Zeige, dass Du nicht zu den Langweilern des Lebens gehören möchtest...

73. Food und Sex können in ein einem wunderbaren Einklang miteinander verschmelzen. Aphrodisierende Lebensmittel

wie Schokolade, Champagner, Erdbeeren, Chili oder Austern darfst Du immer auf den Speiseplan zaubern.

Tipp: Koche Deinem Schatz ein leckeres Menü aus anregenden Zutaten im Sinne der Lust. Vorspeise – frische Austern im Champagner-Sud, danach eine leichte Gemüsepfanne mit frisch gemahlenen Chilischoten und als Dessert? Hier verwöhnt Ihr Euch gegenseitig mit Erdbeeren im Schokomantel. Wetten, danach steht einer heißen Liebesnacht nichts mehr im Wege?

74. Frauen küssen und kuscheln meist sehr gerne. Bitte überrasche Deine Süße mit heißen Küssen im Alltag. Zeige ihr, dass Du sie sexy und sehr attraktiv findest. Jede Frau liebt es, begehrenswert zu sein.

Tipp: Manchmal ist ein spontaner Quickie genau das, was den Ehealltag auflockert. Schenke Deinen Alltag einen ganz neuen Glanz

mit sinnlichen Momenten, die Dich selbst
überraschen...

75. Seht Euch gemeinsam einen schönen Film an,
der Lust auf mehr macht... Es muss nicht
unbedingt ein Porno-Kino sein, das die Lust
stimuliert. Ein schöner, romantischer Abend bei
Kerzenschein ist oft die entscheidende
Eintrittskarte für wirklich guten Sex, den Ihr
niemals wieder vergessen werdet!

76. Bemalt Euch gegenseitig mit Fingerfarben den
nackten Körper. Body-Painting unter Paaren ist
ein sinnliches Instrument, erotische Zeiten und
sanfte Berührungen gleichermaßen zu genießen.

Tipp: Wer sehr offen ist, kann dieses Spiel auch
mit gleichgesinnten Paaren testen. Viel Freude
und jede Menge neue Sex-Inspirationen!

77. Kauft Euch gegenseitig ein heißes Sextoy, ohne vorher abzusprechen, was Ihr Euch wünscht. Hier lernt Ihr automatisch den Partner noch besser kennen...Erlaubt ist, was beiden Spaß macht! Tauscht Eure innigsten Sehnsüchte in der freien Natur aus. Wer kann hier schon etwas dagegen einwenden?

78. Übernachtet unter dem freien Sternenhimmel. Kuschelt dabei um die Wette und tauscht Zärtlichkeiten untereinander aus. Wetten, dass sich hier mehr als sinnliche Momente ergeben, die Ihr niemals wieder vergessen werdet?

Tipp: Mainstream war gestern. Zeigt, dass Ihr Eurer Phantasie auch in der freien Natur ungeniert folgen werdet. Alles, was niemandem schadet und Euch gefällt, ist erlaubt!

79. Küsst Euch auf Körperstellen, die Ihr noch nie geküsst und näher betrachtet habt. Wer weiß:

Vielleicht inspiriert das auch dazu, Champagner oder Prosecco aus dem Bauchnabel zu trinken? Wer Weintrauben direkt von nackter Haut nascht, wird doppelten Genuss erleben. Zeigt, dass Ihr immer offen für Neues seid!

80. Schickt Euch sinnliche und sexy Fotos, die die Phantasie im Alltag anregen... Das macht Lust auf ein baldiges Wiedersehen...

9

Kleine Aufmerksamkeiten, die die Liebe auf einzigartige Weise zum Ausdruck bringen

81. Vor und während der Ehe ist es wichtig, dem Partner immer wieder zu zeigen: „Ich liebe Dich!" Egal, ob schöne Botschaften per WhatsApp, per Email oder Bilder, die eine Sprache der Zuneigung sprechen: Ein Liebe rostet nur dann niemals ein, wenn Ihr Eurer Partnerin zeigt, welchen Stellenwert sie für Euch einnimmt!

82. Wer liebt, wird siegen. Doch manchmal erwarten wir liebevolle Gesten der Zärtlichkeit vom Gegenüber, ohne diese selbst auszusenden. Bedenke immer: Geben ist seliger denn Nehmen. Zeige Deinem Schatz anhand von ellenlangen Spaziergängen mit Händchenhalten und sanften Berührungen, dass Du ihn begehrst und über alles liebst.

83. Geht in einer klaren Nacht unter freiem Sternenzelt an die Natur, um Euch gegenseitig die Sterne vom Himmel zu holen. Wer kann höher springen? Wer erwischt wohl den größten Stern? Lacht dabei um die Wette, denn Humor

ist in jeder Ehe das A und O für ein wunderschönes Miteinander.

84. Zeige Deiner Ehefrau immer wieder in Form von Gesten und Zärtlichkeiten, was sie Dir bedeutet. Du darfst auch ruhig einmal vor Deinen Freunden oder im Sportverein sagen: „Meine Ehefrau ist ein Goldstück, das ich nie mehr hergeben werde."

85. Wann zuletzt hast Du kleine Liebesbotschaften auf einem Zettel geschrieben und Deiner Partnerin in der Handtasche, im Waschbeutel (vor dem Reiseantritt) oder unter dem Kopfkissen versteckt? Frauen lieben kreative Männer, die ihnen zeigen, dass sie sich etwas für sie einfallen lassen.

Tipp: Es gibt online kleine Liebesbotschaften auf vorgedruckten Kärtchen zu kaufen, die Du nach Herzenslust weitergeben kannst.

86. Backe spätestens zum 1. Hochzeitstag einen Kuchen in Herzform für Deine Ehefrau. Genießt es, diesen gemeinsam zu essen und veranstaltet dabei einen kleinen Ausflug wie in Picknick.

Tipp: Auch während der Ehe geht Liebe durch den Magen. Achtet beide während der Ehe darauf, immer wieder gemeinsame Mahlzeiten bei schön gedecktem Tisch einzunehmen.

87. Schenke Deiner Frau immer wieder einmal eine kleine Aufmerksamkeit zwischendurch. Es muss hierbei keine große Summe investiert werden. Manche Herzdame freut sich über einen frisch gepflückten Wiesen-Blumenstrauß mehr als über ein teures Schmuckstück. Wichtig ist: Zeige den guten Willen einer tiefen Liebe!

88. Zeit ist wohl das wichtigste Gut, das wir Menschen heute zu Tage haben. Nimm Dir Zeit

im Alltag, Deiner Liebsten zuzuhören. Finde die Bedürfnisse der Partnerin auch „zwischen den Zeilen" heraus. Frauen sagen nicht immer klar, was sie denken. Höre genau zu und halte die Augen weit offen. Die Körpersprache sagt oft mehr als Du denkst. Ein sorgenvolles Gesicht oder ein gesenkter Blick mit hängenden Schultern signalisieren Dir, dass Deine Frau Deine Aufmerksamkeit dringend benötigt!

89. Welche Schmuckstücke freuen Deine Liebste ganz besonders? Natürlich solltest Du als Ehemann für die Auswahl der Eheringe Verantwortung übernehmen. Doch auch zum 1. Hochzeitstag oder zur Geburt des ersten Babys freut sich Deine Ehefrau besonders über ein unvergängliches Schmuckstück, ganz im Zeichen der Liebe ausgewählt.

90. Übernehme Hausarbeiten auch dann, wenn Dich Dein Schatz nicht ausdrücklich darum bittet. Frauen lieben aufmerksame Männer, die dort mit anpacken, wo es brennt.

10

Gute Gespräche sind das A und O einer glücklichen Ehe

91. Man hört es immer wieder im Alltag: Die Kommunikation auf Augenhöhe ist wichtig. Nehmt Euch immer Zeit füreinander. Auch dann, wenn Kinder, der Job oder andere Alltagsangelegenheiten wichtig sind: Ein regelmäßiger Austausch ist entscheidend für das Funktionieren eine Beziehung!

Tipp: Sprecht nicht nur zwischen Tür und Angel miteinander. Sagt Euch zum Beispiel: „Am Sonntag vormittags nehmen wir uns Zeit, alles zu besprechen, was uns tief im Herzen beschäftigt." Natürlich muss auch zwischendurch immer angesprochen werden, was ansteht. Wichtig ist, sachlich, wertschätzend und respektvoll miteinander zu kommunizieren.

92. Manchmal fällt es in der hektischen Zeit im Alltag schwer, unangenehme Dinge anzusprechen. Dennoch ist Schweigen nicht der passende Weg, Konflikte zu lösen. Hier lohnt es sich, einen Brief oder wertschätzende, ehrliche Wort per Mail zu versenden. Schriftlichkeit schafft Verbindlichkeit.

Respektvolle Paare schreiben sich regelmäßig das, worüber sie nachdenken.

93. Bilder sagen oft mehr als 1.000 Worte. Auch liebevolle Gesten stärken das Miteinander innerhalb der Beziehung. Wenn Du Deine Liebste trösten möchtest, dann ist eine Gestik wie die innige Umarmung oft besser als viele Worte, die doch wenig aussagen.

Tipp: Die nonverbale Sprache ist oft wichtiger als Du denkst. Zeige Dich offen, blicke Deiner Ehefrau tief in die Augen und achte auf eine freundliche Mimik.

94. Unterhaltet Euch beim Einkauf bei Ikea oder in anderen Möbelhäusern über Eure Wünsche und Visionen. Das hilft dabei, einander noch besser als bisher kennenzulernen.

95. Motiviert Euch einmal richtig dazu, gemeinsame Ziele zu erreichen. Das gilt nicht nur in Sachen Sport, sondern auch für schöne Momente (zum Beispiel Konzertbesuche, Reisen, Wanderungen und Co), die Ihr bald schon zusammen teilen möchtet. Motivation ist die halbe Miete zum Erfolg.

Tipp: Baue Deinen Partner nicht nur auf, wenn er sorgenvoll drein blickt. Achte immer darauf, was er derzeit von Dir braucht. Im Umkehrschluss darfst Du auch immer sagen, was Du Dir von Deiner Ehefrau wünschst. Ein offenes „Schatz, ich brauche jetzt 1 Stunde meine Ruhe" ist besser als genervt drein zu blicken.

96. Vereinbart ein persönliches Jour fixe wie beim ersten Date. Dabei steht einer offenen und witzigen Diskussion nichts mehr im Wege. Dieses Date kann gerne auf neutralem Platz stattfinden. Tipp: Wusstest Du, dass wir dann, wenn wir nicht in den eigenen vier Wänden

miteinander sprechen, oft fairer und sachlicher sind als zu Hause?

97. Schweigt gemeinsam! Wer offen miteinander kommunizieren kann, sollte auch beim Schweigen keine Probleme haben. Was ist Sinn und Zweck bei dieser Übung? Lernt die Sprache der Augen, Mimik und Gestik des Gegenübers genau kennen. Denkt daran: Die Augen sind der Spiegel der Seele.

Tipp: Das Schweigen bei einem Kater ist zudem der richtige Weg, den anderen nicht auf die Palme zu bringen. Reden ist Silber, Schweigen Gold!

98. Erzählt Euch witzige Geschichten aus Eurer Kindheit. Bei diesem Spiel sind peinliche Geschichten ebenso erlaubt wie witzige Episoden, die Euch zum Lachen bringen.

99. Ihr seid noch keine Eltern, spielt aber bereits mit dem Gedanken? Passt zum Test ein Wochenende

auf ein Kind aus dem Bekanntenkreis auf. Danach sprecht Ihr über diese spannende Erfahrung in Ruhe.

Was war gut und was war überraschend? Durch das offene Gespräch könnt Ihr Euch perfekt auf den Familien-Alltag vorbereiten. Wer frei von der Leber weg und wertschätzend kommuniziert hat mehr vom Leben!

FAZIT

„Ein Tröpflein Liebe ist mehr wert, als ein ganzer Sack voll Gold."

- Weisheit von Friedrich von Bodelschwingh der Ältere

An dieser Bucket-List für den Bräutigam siehst Du: Liebe ist unvergänglich. Egal, ob Du kurz vor dem Gang zum Traualtar oder Mitten in der Ehe stehst: Die Liebe muss immer mit neuen, wachsamen Augen betrachtet werden. Sie ist kein Selbstläufer und keine Selbstverständlichkeit.

Weißt Du, was Frauen an Männern sehr lieben? Zu den Top 5 der Gewohnheiten gehören: Humor, Stärke, Verantwortungsgefühl, Zuverlässigkeit und Treue. Doch auch Optimismus, Kreativität, Vertrauen und Einfühlungsvermögen stehen ganz im Zeichen der Liebe, wenn man Ehepaare fragt, die schon ein paar Jahre verheiratet sind. Bitte achte darauf, Deine Liebe immer mit wachsamen Augen zu beobachte und sprehe Veränderungen direkt an. Doch jetzt geht es sicher erst einmal darum für Dich, eine fulminante Hochzeit zu planen.

Nehme dabei Deiner Frau viele Aufgaben ab, die sehr viel Arbeit und Organisation benötigen. Egal, wer von Euch beiden der „große Macher" ist: Vor der Heirat sind so viele Dinge zu tun, die Eure Hochzeit zu einem mehr als gelungenen Fest machen.

Teilt Euch die Aufgaben so gut wie möglich auf. Plant auch die Trauzeuge mit in die strukturierte Organisation mit ein – und das von Anfang an. Schon bei der Auswahl der Trauzeugen solltet Ihr darauf achten, Personen mit diesem Ehrenamt zu beauftragen, die sich der Verantwortung voll und ganz bewusst sind. Das gilt auch für die Patentante oder den Patenonkel für die gemeinsamen Kinder.

Ohne Kommunikation wird kaum eine Ehe auf Dauer funktionieren. Nehmt Euch Zeit für Euch, für den Austausch von liebevollen Gesten und Zärtlichkeiten. Überrasche Deinen Schatz immer wieder einmal mit besondere Überraschungen. Diese veredeln jeden oft tristen Alltag in der Ehe.

Biete eine starke Schulter zum Ausweinen an und tröste mit Gesten wir Umarmungen und sanftem Streicheln. Du vermisst etwas für Dich Entscheidendes an Deiner Ehefrau? Spreche es offen und wertschätzend an. Du kannst Menschen nicht verändern, aber Deine Einstellung zu ihnen. Liebe heißt weder Perfektionismus noch Multitasking. Konzentriere Dich auf Deine Liebe und das Hier und Jetzt.

Ganz nach dem Motto „Hand in Hand sind wir gemeinsam stark" dürft Ihr so ein liebevolles Miteinander genießen. Die Bucket-List ist die perfekte Ergänzung zu den anderen Angeboten im Bookstore von den Green-Wedding-Pirates und kann beliebig ausgeweitet werden.

Packe das, was Du im Leben vorhast, mit Liebe und voller Leidenschaft an. Halbherzigkeit war gestern – es lebe das volle Engagement, das von Herzen kommt. Wetten, somit wird einem Gelingen der Hochzeit nichts mehr im Wege stehen? Für eine wunderschöne, liebevolle Zukunft und eine Ehe, die bis zum Ende der Welt besteht, wünsche ich Dir: Gutes Gelingen und viel Erfolg!

Zum Abschluss haben wir Euch noch alles rund um die Green Wedding Pirates verlinkt, damit ihr auch uns noch besser kennenlernen könnt.

Wir freuen uns sehr wenn Dich diese Bucket List unterstützt hat und würden uns auch über Deine positive Bewertung sehr freuen. Solltest du Anregungen, Verbesserungsvorschläge haben oder einfach nur gerne mit uns in Kontakt treten wollen dann schreib uns doch einfach ein Mail an: office@greenweddingpirates.at

Pinterest: pinterest.at/greenweddingpirates/

Instagram: instagram.com/greenweddingpirates/

Blog: greenweddingpirates.at/

Über uns: greenweddingpirates.at/thepirates/

Weitere Bücher die dich vielleicht interessieren könnten (inklusive Werbelinks):

„Das große Handbuch für die Ehe"
https://amzn.to/2ZmcJFw

Sprichst du Hochzeit -
50 Begriffe rund ums
Heiraten
https://amzn.to/3edR3it

Bucket List für Verlobte
99 Dinge, die ein Paar vor der
Hochzeit zusammen
erlebt haben muss
https://amzn.to/2V3QKOu

Bucket List für Ehepaare
101 Dinge, die Ihr nach
der Hochzeit einmal getan
haben müsst.

„Plötzlich Trauzeugin"
Der Trauzeuginnen Ratgeber
https://amzn.to/2TGZh94

„Brautgeflüster"
Hochzeitsplaner & Ratgeber
https://amzn.to/3220QD7

HAFTUNGSAUSSCHLUSS

Der Inhalt dieses Buches wurde mit großer Sorgfalt geprüft und erstellt. Für die Vollständigkeit, Richtigkeit und Aktualität der Inhalte kann jedoch keine Garantie oder Gewähr übernommen werden.

Der Inhalt dieses Buches repräsentiert die persönliche Erfahrung und Meinung des Autors und dient ausschließlich dem Unterhaltungszweck. Es kann daher keine juristische Verantwortung oder Garantie für den Erfolg der genannten Tipps und Ratschläge übernommen werden. Der Autor übernimmt keine Verantwortung für das Nichterreichen der im Buch beschriebenen Ziele.

Dieses Buch enthält Links zu anderen Webseiten. Auf den Inhalt dieser Webseiten hat der Autor keinen Einfluss. Deshalb kann für diesen Inhalt auch keine Gewähr übernommen werden. Für die Inhalte der verlinkten Seiten ist der jeweilige Anbieter oder Betreiber der Seiten verantwortlich. Rechtswidrige Inhalte konnten zum Zeitpunkt der Verlinkung nicht festgestellt werden.

IMPRESSUM

Bucket List für den Bräutigam

99 Dinge, die der zukünftige Ehemann unbedingt vor der Hochzeit erlebt haben muss

ISBN: 9798484079964

Copyright © 2021 Green Wedding Pirates

1. Auflage

Kontakt: Michaela MAJCAN, AT- 8010 Graz

Printed in Great Britain
by Amazon